LE
SAVETIER CALBAIN

.

LE

SAVETIER CALBAIN

IMPRIMÉ

À L'IMPRIMERIE NATIONALE

PAR AUTORISATION DE M. LE GARDE DES SCEAUX,

EN DATE DU 5 FÉVRIER 1907.

———

EXEMPLAIRE N°

IMPRIMÉ POUR

TITRE

SOCIÉTÉ FRANÇAISE

DES

FOUILLES ARCHÉOLOGIQUES

LE SAVETIER CALBAIN

REMIS À LA SCÈNE

TEXTE ET MUSIQUE

PAR

M. E. PICOT

MEMBRE DE L'INSTITUT

ÉDITION

ANNOTÉE ET ILLUSTRÉE

SÉANCE ANNUELLE DE 1907

PARIS

IMPRIMERIE NATIONALE

ERNEST LE ROUX

SECRÉTAIRE ARCHIVISTE DE LA SOCIÉTÉ, ÉDITEUR

28, RUE BONAPARTE

INTRODUCTION.

La farce du savetier Calbain fut sans doute com-
posée & jouée pour la première fois dans la seconde
moitié du xvᵉ siècle. Mais elle remporta de si grands
applaudissements qu'elle devint, en quelque sorte,
classique, & que durant plus de cent ans elle fut
représentée devant des auditoires ravis. Les générations de spectateurs se succédaient & ne se lassaient
pas plus de l'écouter que les générations d'acteurs
ne se fatiguaient de la promener de villes en vil-
lages. Le savetier Calbain ne présente pourtant ni
intrigue compliquée, ni combinaisons savantes,
ni dénouement précieux et rare. A-t-il seulement
un dénouement? Il s'agit d'un simple incident de
la vie domestique, vu avec justesse, traduit à grands
traits & rendu non sans adresse ni malice. Le
tableau est bien composé, les personnages sont res-
semblants. En cela, cette légère ébauche présente
à un haut degré tous les caractères de la farce : viva-
cité, esprit, franchise, naturel. Elle possède aussi
des qualités qui lui sont propres. C'est mieux qu'un

vaudeville, c'est un opéra-comique au sens que l'on a longtemps attribué à ce mot. Et pourtant l'auteur s'est passé de musicien ou plutôt en a fait l'économie. Il a choisi quelques chansons connues & les a enchâssées, paroles & musique, dans un scénario composé pour les recevoir.

La plupart de ces chansons ont été retrouvées; quelques-unes font encore défaut. Pour garnir les lacunes, on a eu recours à des mélodies contemporaines de celles qui se sont perdues. Le sujet & ses développements permettaient d'opérer sans dommage cette substitution.

Si les chansons de la farce de Calbain ne participent pas à l'action d'une manière directe, elles ne sont pas non plus des hors-d'œuvre. Elles déguisent des refus, économisent des explications, tiennent lieu de bonnes & surtout de mauvaises raisons. Calbain, puis sa femme, le disent sans ambages. La réplique d'Amphitryon :

Pour souffrir qu'un valet de chansons me repaiße

eût pu servir de sous-titre à notre pièce si la Providence eût songé à faire naître Molière quelques siècles plus tôt. Il en résulte que la liaison du texte & de la musique est un peu lâche & qu'elle permet d'accroître ou de diminuer à volonté l'importance du chant & de la proportionner à la voix des acteurs. On s'est autorisé de cette facilité pour introduire dans le rôle du Galant & dans celui de la Femme trois mélodies nouvelles. Elles sont tendres, mélancoliques, plaintives & douces; au demeurant en parfaite situation. Si elles n'appartiennent pas à l'original, rien ne s'oppose à ce qu'elles en aient été détachées.

Comme, à part de très rares exceptions, les chansons qui constituent la partie musicale se trouvent toutes dans un manuscrit de la Bibliothèque nationale édité déjà par M. Gaston Paris, il a semblé inutile de les reproduire ici. On les y trouvera avec les indications nécessaires pour les chanter; mais en ce cas, on se souviendra de doubler au moins les mouvements indiqués.

Le monde où se meuvent les personnages des farces est en général assez peu relevé. Les seigneurs y font de rares apparitions, les petits bourgeois, les ouvriers, les chambrières, les nourrices y abondent, les pauvres hères & les malandrins y sont également reçus. Comme dans les *pasos* & les *entremeses,* ces délicieuses comédies espagnoles que le grand Lope de Rueda fut le premier à mettre à la scène vers l'époque qui répond à celle de la réimpression de la farce de Calbain, les héros & les héroïnes échangent des injures, parfois des horions, & plus que chez nos voisins entremêlent le dialogue de fantaisies acrobatiques. Tantôt c'est une jeune femme que l'on jette dans un cuvier & que l'on en retire par les pieds, tantôt c'est un valet, une sorte de jocrisse, qui d'un bond s'élance à cheval sur les épaules de sa maîtresse & manifeste la prétention de se faire porter. Puis, les culbutes, les coups de bâton, les nasardes, effets comiques très sûrs & dont la mode persista longtemps sur notre théâtre.

Enfin — singulière aberration — puisque les maris trompés amusent toujours la galerie à leurs dépens & que les femmes délurées & accortes sont les bienvenues sur la scène, les auteurs des farces n'ont eu garde de les négliger.

Calbain, c'est à craindre pour lui, rentre dans la catégorie des infortunés dont les portraits encombrent les galeries dramatiques de cette époque. Son cas n'est pas net, flagrant, mais des esprits chagrins se porteraient garants de ses malheurs conjugaux. Du reste, il ne conçoit aucun soupçon, il est de la bonne race des maris trompés, & ne se préoccupe que de défendre sa bourse. Il la défend en chantant; il chante aussi parce que la tristesse n'a pas élu domicile en son cœur. Au demeurant, un brave homme & un beau gars puisque sa femme « s'en est

assotée » à première vue, & qui aime sa compagne
à la façon de beaucoup d'ouvriers. Il voudrait bien
« la rabrouer » de temps à autre, mais il serait désolé
si elle l'abandonnait. Il suffit qu'elle le menace
de quitter le logis pour qu'il se dégrise, pardonne
& devienne humble & soumis. C'est toujours la
défaite d'Hercule couvert de la peau du lion né-
méen.

Celle que l'auteur désigne sous la simple ap-
pellation de « la Femme » porte le joli nom de
Colette. Frivole, dépensière, aimant la toilette,
jalouse de ses voisines, elle s'est amourachée d'un
beau savetier & l'a épousé; maintenant, après avoir
satisfait un caprice, elle en est aux regrets. Les
grands griefs sont l'avarice de son mari & sa manie
de chanter. Elle lui reproche de la laisser aller toute
nue, entendez de ne pas lui donner une robe neuve
par saison, tandis qu'il fréquente les tavernes & y
dépense jusqu'à son dernier blanc. Quatre siècles
se sont écoulés depuis que le savetier Calbain a été
mis à la scène, & les savetiers chantent encore, &
les jeunes femmes des savetiers doivent leur faire les
mêmes griefs & leur adresser les mêmes reproches.
Le temps s'écoule, impitoyable & destructeur; seuls
les caractères, malgré leur fragilité, résistent à ses
atteintes.

INTRODUCTION.

Pour se distraire de tant de disgrâces, la belle Colette a cherché des consolations extra-conjugales, & il ne semble pas qu'elles lui aient fait défaut. Puis, comme la timidité ne doit pas être rangée au nombre de ses défauts & qu'elle a sans doute une aussi jolie voix que Calbain, elle use à son tour des armes laissées par son mari & répond par des chansons à toutes ses plaintes. Quand les affaires se gâtent, elle le prend de très haut & amène le savetier à résipiscence, bien qu'elle ait tort & gravement tort. C'est la morale de la farce, à moins que l'on en veuille tirer une autre de l'imprudence du mari. Pourquoi se montrer avare, quinteux, contrariant, & témoigner en même temps une confiance aveugle à une jeune femme? Elle trouve une excuse à mal faire dans son irritation, & un encouragement dans l'impunité dont elle jouit quand elle demande des conseils à un galant & qu'elle recherche son appui.

Quelques paroles de Colette montrent que l'amoureux, le séduisant Thomelin, appartient à l'armée. La jeune femme parle de réparer ses houseaux; or les houseaux, au xvᵉ siècle, étaient portés par les archers & les coutilliers. Puis, elle traite son consolateur «d'homme au cœur vaillant», & c'est là une périphrase qui, dans tous les temps

& dans tous les pays, a été employée pour désigner un soldat.

A vrai dire, l'attitude & les qualités apparentes de Thomelin répondent mal à ce compliment & au type convenu du guerrier amoureux. Glacé d'abord comme ses armes, il est prudent en paroles & en actions, plus apte à indiquer des stratagèmes d'apothicaire que susceptible de se conduire en fils de Mars. La hâblerie & les rodomontades de son frère d'armes le franc-archer de Bagnolet, ce héros d'un délicieux monologue du XVe siècle, lui font même défaut. A tous les titres, la garde nationale le réclame.

Si les femmes du moyen âge étaient sensibles aux charmes des francs-archers, les auteurs dramatiques les tenaient en piètre estime. Étaient-ils jaloux de leurs succès, subissaient-ils l'influence du chevalier, ce roi des batailles, & le prestige des panaches & des armures à plates ? Il est plus probable que les francs-archers s'étaient perdus dans l'esprit du peuple par leurs exactions, leur mauvais esprit militaire & leur poltronnerie. Créés le 28 août 1448 par un édit royal & dissous dès 1480, ils composaient une milice bourgeoise qui, durant son existence éphémère, prêta aux plus vives critiques. Leur mauvaise contenance devant l'ennemi n'avait

INTRODUCTION.

d'égale que leur dureté au peuple. Les francs-archers furent rétablis par François Ier en 1521. Mais ils héritèrent des mauvaises traditions & des vices de leurs aînés. Aussi bien disparurent-ils bientôt & pour toujours du cadre de l'armée nationale.

Notre auteur n'est pas aussi sévère pour son franc-archer que les écrivains des xve & xvie siècles. S'il ne le rend pas ridicule, — l'on comprendrait mal les sentiments de Colette — il le peint timoré & craintif de Calbain comme ses pareils étaient peureux de l'ennemi. Thomelin ne s'enhardit un peu que sur la fin de l'entretien, & encore se borne-t-il à se montrer plus doucereux & plus patelin qu'enjôleur. Il ne brise pas les cœurs, il les emmielle.

Tels sont les traits saillants & caractéristiques qui ont assuré un succès justifié à la farce du savetier Calbain. On les appréciera d'autant mieux que le texte reproduit est celui de l'œuvre originale, avec les seules retouches que nécessitaient l'introduction de l'orthographe moderne, la substitution de termes connus aux mots tombés en désuétude & l'obligation qui en résulte de changer quelques rimes. Il y a lieu d'insister sur ce point, car sous prétexte de traduire ou d'adapter les œuvres qui, en réalité, ne réclament pas de remaniements, on leur enlève leur saveur, on les prive de leurs accents, on les amoindrit & l'on ruine l'intérêt. La naïveté, les fautes de goût, les maladresses, jusqu'aux erreurs de l'auteur doivent être respectées. Certains vers qui paraissent faux reprendraient leur équilibre si l'on recourait à la prononciation ancienne[1]. Il en est de même de quelques rimes chancelantes. Mais qu'elles soient pauvres ou qu'elles le paraissent, elles ont été conservées. Du reste, à part les changements relatifs à l'adoption de l'orthographe moderne, les modifications apportées au texte original sont signalées soit par l'emploi de caractères romains, soit par des notes quand il s'agit de vers suppléés ou de consonances trop imparfaites. Le lecteur pourra, de la sorte, remonter à l'origine des irrégularités qui l'offusqueraient & connaître l'importance des retouches. Il constatera qu'elles sont rares, de peu d'étendue & faites dans l'unique dessein de faciliter la lecture.

M. D.

FARCE NOUVELLE

D'UN SAVETIER NOMMÉ CALBAIN,
FORT JOYEUSE,
LEQUEL SE MARIA À UNE SAVETIÈRE,
À TROIS PERSONNAGES,
C'EST À SAVOIR :

CALBAIN, Savetier,
LA FEMME, *Colette,*
Et LE GALANT, *Thomelin.*

SCÈNE PREMIÈRE.
LA FEMME, seule.

Elle entre, un chaperon jeté sur les épaules en guise de manteau.

LA FEMME.

On doit tenir femme pour sotte,
Qui prend mari sans le connaître,
Et qui de son servant[1] s'aßotte
Pour en faire son privé maître.

CALBAIN.

Depuis que nous bénit le prêtre
Voyez, je ne suis plus à point!
De chansons, il me veut repaître;
Il me répond en contrepoint.
Si je lui demande une robe,
On dirait que je le dérobe.
Je n'ai pas un pauvre corset!
Nul ne connaît quel concert c'est!
Son seul plaisir est de chanter
Hélas! Je n'oserais hanter
Une amie crainte de noise
Et pour les chansons qu'il dégoise.
Il semble que c'est une farce?
Eh! que voulez-vous que je faße[1];
Je suis toujours la plus dolente.
Jadis, je n'étais pas contente
D'un si bon & bel ouvrier,
Qui était de notre métier;
C'était le meilleur, je m'en vante,
Qu'on trouve à faire brodequin.
Mais celui-ci sans ceße chante
Et ne voit Pernet ni Colin.

Elle sort pour aller poser son chaperon.

2

SCÈNE II.

CALBAIN, seul.

CALBAIN, dans la coulisse.

Chanté. *Ladinderindine, ladinderindène, ladinderindin.*
Me levai par un matin,
Plus matin que ne voulais.
J'entrai dans notre jardin
Pour cueillir la giroflée.
Ladinderindine, ladinderindène, ladinderindin.
Rencontrai le roßignol
Qui était sous l'ombrage.
Ladinderindine, ladinderindène, ladinderindin.

Calbain, entrant.

Parlé. *Je voudrais bien parler latin*
Afin de maudire ma femme,
Car, quand elle vient à sa gamme,
Bien faut la rabrouer un brin.

CALBAIN.

SCÈNE III.

CALBAIN, LA FEMME.

LA FEMME, dans la coulisse.

Hé! Calbain!

CALBAIN.

Hau!

LA FEMME.

Hé! Calbain! Hau!

CALBAIN.

Je ne sais pas ce qu'il me faut.
J'enrage vif, si je ne chante.

LA FEMME.

Calbain!

CALBAIN.

Ma femme s'impatiente.
Disons-lui quelques ritournelles[1].
Chanté. *Hélas Olivier Bachelin*
N'aurons-nous plus de vos nouvelles?
Vous ont les Anglais mis à fin.

4

CALBAIN.

Vous aimiez gaîment chanter
Et demener joyeuse vie
Et la blanche livrée porter
Par le pays de Normandie.

LA FEMME, entrant.

Calbain, mon ami, parlez-moi.

CALBAIN.

Chanté. *Lourdeau, lourdeau, lourdeau, lourdeau prends*
[garde à toi,
Car si tu te maries, tu seras tôt déçu.

LA FEMME, le prenant par l'épaule.

Hé! Calbain! hau! parleras-tu?

CALBAIN, sans la regarder.

Chanté. *Dame Vénus tient mon cœur, ma fillette.*

LA FEMME, secouant Calbain.

Hélas! C'est ta femme... Colette.

CALBAIN.

Hé! Dieu, que vous êtes émue!
D'où venez-vous?

CALBAIN.

L'A FEMME.

De cette rue,
De voir ma commère Jacquette.
Elle a la robe la mieux faite,
Et pourtant la met tous les jours.

CALBAIN, railleur.

Les poignets sont-ils de velours,
De satin ou de taffetas?

LA FEMME.

Oui. Puis, elle ouvre par le bas,
Qui est à la robe propice.

CALBAIN, de même.

Et les revers?

LA FEMME.

Sont de latiße[1].
Et la fourrure est de jennette[2].

CALBAIN, allant à son établi, prenant un brodequin & l'examinant.

Chanté. *Allégez-moi, douce, plaisant brunette*
Allégez-moi.

6

CALBAIN.

Allégez-moi de toutes mes douleurs,
Votre beauté me tient en amourette.
Allégez-moi.

LA FEMME.

Eh là, mon ami, parlez-moi
Et laißez cette chanterie.

CALBAIN.

Boutez la nappe, bon gré, ma vie!
Le sang bleu, j'enrage de faim.

LA FEMME.

Aurai-je une robe demain
Aux nouvelles modes & façons?

CALBAIN.

Chanté. *Réveillez-vous, Picards, Picards & Bourguignons,*
Et trouvez la manière d'avoir de bons bâtons [1]*,*
Car voici le printemps & außi la saison
Pour aller à la guerre donner des horions.

Tel parle de la guerre qui ne sait pas que c'eſt.
Je vous jure mon âme que c'eſt un piteux fait

CALBAIN.

Et que maint homme d'arme & gentil compagnon
Y ont perdu la vie & robe & chaperon.

LA FEMME.

Donnez-moi robe, c'est raison;
Je crois que c'est bien la saison.

CALBAIN.

Chanté. Puisque Robin, j'ai pour nom,
J'aimerai bien Marion.

LA FEMME.

Allons, & sans plus varier,
Ma robe au plus vite acheter.
Mon ami, pour vous Dieu prierai.

CALBAIN.

Mon pourpoint est tout déchiré
Et ma robe. La fièvre te tienne!

LA FEMME.

Mais regardez un peu la mienne.

CALBAIN.

Chanté. Bergerotte savoisienne,
Qui gardes moutons aux prés,

CALBAIN.

Dis si tu veux être mienne
Je te donrai des souliers,
Je te donrai des souliers
Et un petit chaperon
Dis moi si tu m'aimeras?
Dis-moi si tu m'aimes ou non?

LA FEMME, qui est sortie & demeurée hors de la scène
tant que Calbain a chanté, rentre.

Je ne demande rien sinon
Qu'une bien modeste robette.

CALBAIN, s'asseyant devant son établi.

Chanté. *Nous étions trois jeunes fillettes*
Qui toutes trois avions amis;
Dont j'en étais la plus jeunette,
De mes amours, ne peux jouir.

LA FEMME.

Qu'elle soit de gris, pour finir,
Ou bien telle qu'il vous plaira.

CALBAIN.

Chanté. *Avec la tourloura loura*
Avec la tirelire.

9

CALBAIN.

LA FEMME, se prenant la tête à deux mains.

Hélas! Je n'ai pas faim de rire!
Je suis bien pauvre désolée.

CALBAIN, après avoir lié un brodequin sur le genou.

Chanté. *Mon père & ma mère, ils m'ont mariée*
A un vieux bonhomme. Maudite journée!
Maudit soit le jour qu'onques je le vis!
Hélas! mes amours ne sont pas ici.

LA FEMME, se plaçant en face de Calbain.

Je ferai, j'y consens, ami,
Ce que vous me commanderez;
Mais aussi, vous me donnerez
Une robe grise ou bien blanche.

CALBAIN, continuant à travailler.

Chanté. *Gentils galants de France,*
Qui en la guerre allez,
Je vous prie qu'il vous plaise
Mon ami saluer.
Ils portent la croix blanche,
Les éperons dorés

CALBAIN.

Et au bout de la lance
Un fer pour la planter.

LA FEMME.

Par saint Jean, je me puis vanter
Que j'ai refusé de la ville,
Des compagnons le plus habile
Qu'on trouverait en nos faubourgs.

CALBAIN.

Par ma foi, c'est tout au rebours
De ce que vous dites, m'amie.

LA FEMME, à part.

Hélas! Vrai Dieu, tant il m'ennuie!

CALBAIN.

Chanté. *J'ai vu la beauté m'amie*
Enfermée en une tour.
Plût à la Vierge Marie
Que j'en fuße le Seigneur[1].

LA FEMME.

Vrai Dieu je renonce en ce jour
A l'avoir par amour ou prière!

CALBAIN.

CALBAIN, frappant sur la semelle du brodequin.

Chanté. *Trique devant, trique derrière,*
Trique derrière, trique devant.

LA FEMME.

Mon ami parlez sagement
Et vous aurez tantôt à boire.

CALBAIN, quittant le travail.

Chanté. *Paix, paix, je m'en vais à la foire*
Acheter du cuir — par mon âme — de vache.

SCÈNE IV.

CALBAIN, LA FEMME, LE GALANT.

Le Galant entre &, sur un signe impérieux de Colette, se jette derrière le lit
sans avoir été vu par Calbain.

CALBAIN, se dirigeant vers la porte.

Chanté. *Ma femme sans cesser agace*
Son malheureux mari Calbain.
Mais je n'en fais, c'est bien certain,
Pas plus de cas que d'un oignon.

Il sort.

TRIQUE DEVANT, TRIQUE DERRIÈRE,

CALBAIN.

SCÈNE V.

LA FEMME, LE GALANT, derrière le lit.

La Femme s'assure que Calbain s'éloigne dans la rue, puis, la mine joyeuse, elle se dirige vers le Galant, l'appelle d'un geste & lui fait une jolie révérence.

LE GALANT, s'approchant de Colette.

Chanté. *Et puis que dit-on, que fait-on?*
Chose qui vaille?
Chose qui ne vaut pas la maille,
Chose qui ne vaut pas un fétu.
Si l'on demande : que fais-tu?
L'on répond : c'est votre grâce.
Si le maître veut un bâton,
Le valet donne de la paille,
Et puis que dit-on, que fait on?
Chose qui vaille?

LA FEMME.

Oui, par ma foi, des truandailles
Aßez, mais non pas autre chose.

Elle s'assied sur l'escabeau de Calbain & fait signe au Galant de venir prendre place à ses côtés.

CALBAIN.

Approchez-vous.

LE GALANT, restant debout près de la Femme.

Hélas! Je n'ose
De peur d'un voisin médisant
S'en allant partout médisant
Des sages & qui n'est qu'une bête.

LA FEMME, se levant & se mettant à côté du Galant.

Il est bien vrai, car j'ai la tête
Rompue & toute écervelée
Pour avoir robe, & désolée
De mon mari qui chante ainsi.

LE GALANT.

Chanté. *Vivrai-je toujours en souci*
Pour vous, ma très loyale amie?
Non certes, je n'y vivrai mie.
Fi des soucis pour abréger!

LA FEMME.

Chanté. *Aimez-moi, mon mignon, aimez-moi sans danger* [1]
Au jardin de mon père, il y croit un rosier;
Trois jeunes demoiselles s'y vont ombrager.
Aimez-moi, mon mignon, aimez-moi sans danger.

·APPROCHEZ-VOUS,

᠎

CALBAIN.

LE GALANT, prenant Colette par la taille & l'attirant près de lui.

Trois jeunes demoiselles s'y vont ombrager
Trois jeunes gentilshommes les vont regarder.
Aimez-moi, ma mignonne, aimez-moi sans danger.
Trois jeunes gentilshommes les vont regarder.
Je choisis la plus belle & la priai d'aimer :
Aimez-moi, ma mignonne, aimez-moi sans danger.
Je choisis la plus belle & la priai d'aimer.

LA FEMME.

Mon père est en sa chambre, allez lui demander.
Aimez-moi, mon mignon, aimez-moi sans danger.
Mon père est en sa chambre, allez lui demander;
Et s'il en est content, je m'y veux accorder.
Aimez-moi, mon mignon, aimez-moi sans danger.

LE GALANT, serrant la femme contre son cœur &, à chaque reprise du refrain, la baisant tantôt sur la joue droite, tantôt sur la joue gauche, sur les yeux, sur le cou, sur les mains...

Chanté. *En baisant m'amie, j'ai cueilli la fleur,*
Blanche comme neige, droite comme un jonc.
En baisant m'amie, j'ai cueilli la fleur,
La bouche vermeille, fossette au menton.

CALBAIN.

En baisant m'amie, j'ai cueilli la fleur,
La jambe bien faite & le bras bien rond.
En baisant m'amie, j'ai cueilli la fleur,
Les gens de la ville ont dit qu'ils l'auront.
En baisant m'amie, j'ai cueilli la fleur,
Mais je vous aßure qu'ils en mentiront.
En baisant m'amie, j'ai cueilli la fleur.

LA FEMME.

Calbain ainsi ne sait chanter!

Se dégageant doucement.

Je vous prie venir héberger
Et me donner votre conseil.

LE GALANT.

Je suis prêt, dans un cas pareil,
Faire ce que commanderez.

LA FEMME.

A ma demande répondrez,
Et à vous me tiendrai tenue.
Premièrement, suis toute nue,
Vous le voyez, & mon mari,

CALBAIN AINSI NE SAIT CHANTER!

CALBAIN.

Qui est d'ivrognerie pourri,
Dépense tout ce qu'ai vaillant.
C'est pourquoi, homme au cœur vaillant,
Vous veux requérir d'une chose.

LE GALANT.

Je m'intéresse à votre cause.

LA FEMME.

Chanté. *Moi qui suis tant belle fille,*
Ils m'ont donné un vilain.
La male lance l'occise,
Avant que ne soit demain!
Ou que le roi fasse armée,
Le vilain y soit mandé,
Ne puisse jamais venir,
Avant que l'aille quérir!

LE GALANT.

Écoutez mes dires aussi,
Car j'entends cette affaire ci
Mieux, certes, que vous ne pensez.
Allons vers lui, & vous serez,
Si je le puis, bien revêtue.

CALBAIN.

LA FEMME.

Je serai donc à vous tenue.

Souriant & frappant sur la joue du Galant en forme de caresse.

Vous savez bien pateliner,
Mais, pour mieux l'enjobeliner,
Dites-lui ce qui ne fut onc.

LE GALANT.

Je ferai le cas tout au long.

SCÈNE VI.

LA FEMME, LE GALANT, puis CALBAIN.

CALBAIN, dans la coulisse.

Chanté. *En venant de Lyon de voir tenir le pas,*
Je rencontrai trois dames qui dansaient bras à bras.

Entrant avec une peau roulée sous le bras.

Trois mignons les menaient rustres[1] & gorgias[2].

LA FEMME, l'interrompant.

Mais parlez, n'entendez-vous pas ?
Cet homme de bien vous demande.

CALBAIN.

CALBAIN.

Chanté. *Je suis Allemande,*
Friscaude & galande
Je suis Allemande,
Fille d'un Allemand.

LE GALANT.

Calbain, mon cher ami, comment!
Vous rêvez? Qu'est-ce qu'il vous faut?

CALBAIN.

Chanté. *Une semelle de cuir vaut*
Trois sous parisis & demi.

LA FEMME, à Calbain.

Parlez-lui donc! Eh, mon ami!

Montrant le Galant.

Il faut refaire ses houseaux.

CALBAIN, déroulant la peau qu'il porte sous le bras.

Chanté. *Voilà le meilleur cuir de veau*[1]
Que jamais vous puißiez avoir.

LA FEMME.

Il est fou! Il est bon à voir.
De lui, n'aurez d'autre parole.

25

CALBAIN.

CALBAIN.

Chanté. *Trois sous, croyez-en ma parole,*
Vous coûteront par mon serment.

LE GALANT.

Calbain, mon cher ami, comment
Ne connaißez-vous plus personne ?

CALBAIN.

Chanté. *Croyez qu'elle sera très bonne,*
Je vous aßure, & bien cousue.

LE GALANT.

Quoi ? Votre femme eſt toute nue ;
Donnez-lui pour habillement[1]
Ou par amour ou autrement
Une robe en quelque drap gros.

CALBAIN.

Chanté. *Colette, paße du chégros ;*
Ne muse pas, baille-le-nous.

LE GALANT.

Voyons, Calbain, dépêchez-vous.
Je suis votre ami Thomelin.

CALBAIN.

CALBAIN, se rapprochant de son établi pour y chercher ses outils.

Chanté. *Où diable est donc mon bobelin ?*
Et mon alêne ? Ha ! la voici.

Il s'assied & s'installe, très attentif en apparence à son travail.

LA FEMME, au Galant en montrant Calbain.

Ma foi, si nous étions ici
Demain, nous n'aurions autre chose.

LE GALANT.

Or écoutez un peu ma prose.

Indiquant à la femme un angle de la pièce & l'y conduisant.

Venez un petit en secret;
Je vois bien qu'il est indiscret.
Savez-vous ce qu'il faudra faire ?
Pour mieux achever votre affaire,
Vers lui vous vous retirerez
Et, de rechef, bien le prierez
De vous acheter une robe.

CALBAIN, à part, très satisfait.

Voilà comment je me dérobe;
Par mes chants, je la tiens en laiße.

CALBAIN.

LE GALANT, tout en épiant Calbain.

Mettez la nappe, puisqu'il ne ceße,
Et le priez à déjeuner.
Ne le laißez pas trop jeûner,
Mais donnez-lui bien vite à boire[1]
Et puis lui en donnez encore.

Il sort un cornet de papier de dessous sa veste & le donne à
Colette.

De cette poudre un peu mettez
Tant qu'enivrer vous le verrez
Et que bientôt s'endormira.
Alors, vous vous approcherez
Et doucement vous lui prendrez
Sa bourse & tout ce qu'il aura
Dedans; puis, irez acheter
Une robe. Sans plus caqueter,
C'eft le conseil que je vous donne.

LA FEMME, enfermant le cornet dans son corsage.

Votre parole eft sage & bonne.
Je vous remercie humblement.

Le Galant sort.

CALBAIN.

SCÈNE VII.
CALBAIN, LA FEMME.

CALBAIN.

Chanté. *Si vous demeurez longuement,*
M'amie, sans me venir voir,
Je vous fais du tout à savoir
Que je meurs pour vous seulement.

LA FEMME, à part.

Quoi que je faße, il faut vraiment
Suivre le conseil qu'on m'a dit.
J'aurai une robe mardi,
Ou mercredi, tout au plus tard.

Interpellant Calbain, sur un ton joyeux.

Calbain, mon ami, Dieu vous gard!
Comment se porte la santé?

CALBAIN.

M'amie, j'ai aßez chanté.
Donnez-moi donc du vin à boire.

29

CALBAIN.

LA FEMME, empressée.

Volontiers. Vous pouvez m'en croire,
Vous en aurez tout maintenant.

CALBAIN, se levant.

J'en aurais à boire, vraiment?

Colette approche une table, met la nappe, va chercher un plat de saucisses, un pâté, un pot de vin, un verre, & dispose le tout, tandis que Calbain avance son escabeau.

LA FEMME.

Suis-je une femme aßez aimable[1]?
Aßeyez-vous à cette table
Et déjeunez gracieusement.

CALBAIN, buvant le vin que sa femme lui verse.

Ce vin eft bon, par mon serment.

Tandis que Calbain mange, Colette prend le verre, le remplit, puis se retourne & y verse la poudre que lui a donnée le Galant.

LA FEMME, posant le verre sur la table.

Buvez, mangez, faites grande chère.

CALBAIN, mangeant gloutonnement & buvant à plein verre.

Donnez-moi donc encore à boire[2]...
Terraminus... minatores...

CE VIN EST BON, PAR MON SERMENT.

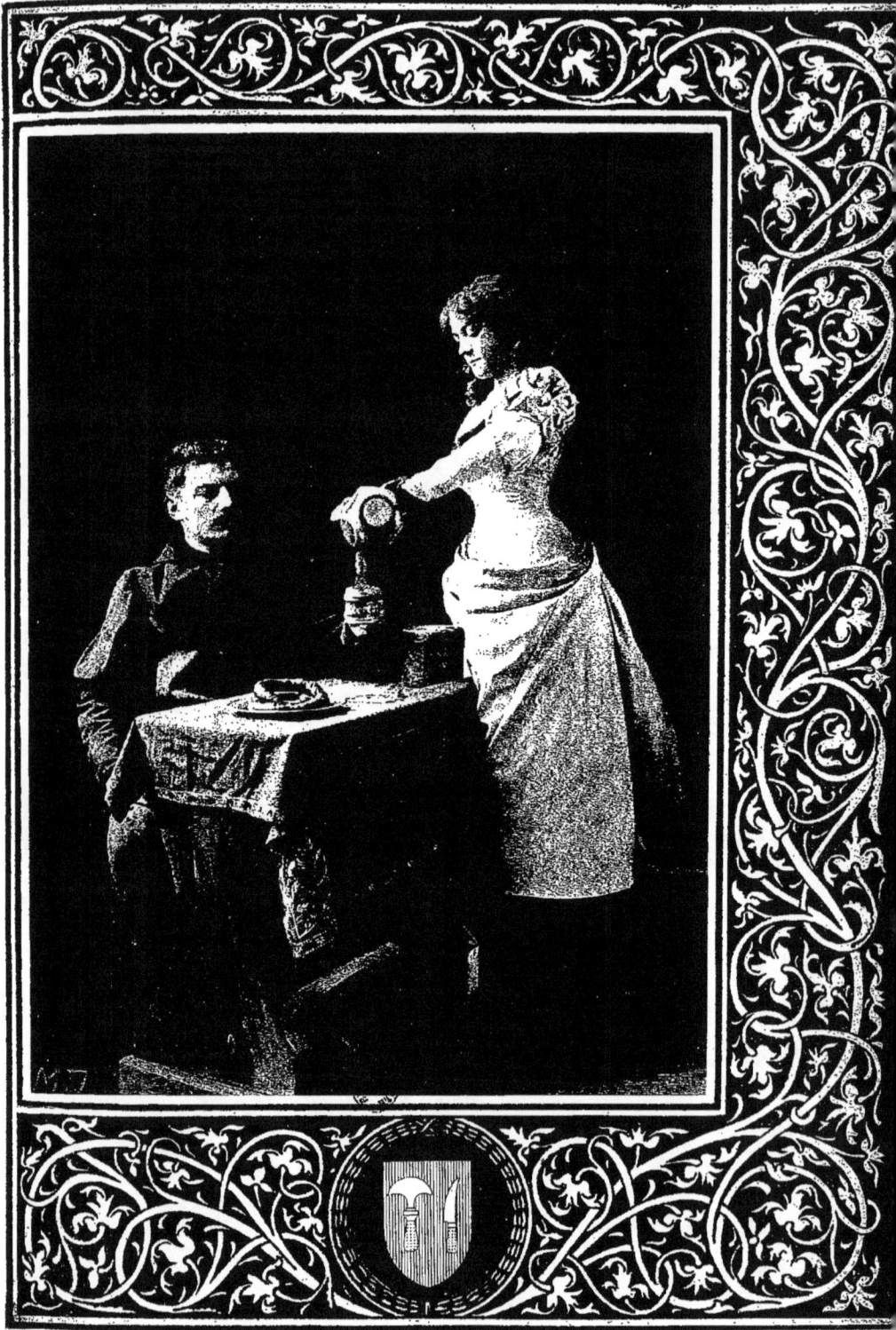

CALBAIN.

Alabastra... pillatores...
Je suis saoûl de vin... sur ma vie...
Je suis auprès... de vous m'amie...

Il se lève à demi pour embrasser sa femme; mais elle se dégage sans peine, & il retombe sur son escabeau, la tête renversée, les yeux à demi clos. Cependant Colette dessert & ne laisse que la table & la nappe.

Je vous prie, couvrez-moi le dos,
Car, sur ma foi, je veux dodo...
Je dors déjà[1]... Couvrez-moi bien...

LA FEMME, voyant Calbain endormi & s'approchant
pour lui prendre la bourse.

Ma foi, s'il y demeure rien
A la bourse, il faut qu'on me pende.

Calbain fait un mouvement. Colette se recule; puis, comme il ne bouge plus, elle s'approche de nouveau, fouille sous le tablier de cuir, trouve la bourse, la prend & l'agite d'un air de triomphe.

Je l'ai! je vous tiens, ma galante[2]!

Elle ouvre la bourse, compte l'argent, le recompte & enferme le tout dans son escarcelle.

J'en ai des écus, des ducats!
Or, allons acheter des draps,
Maintenant, pour faire une robe.
Dame, il faut que je vous dérobe
Quand je vous ai de vin mouillé.

CALBAIN.

Ha!... Je suis tout enquenouillé...
Et de mon bon sens fatrouillé...
Voyons, suis-je bien éveillé[1]?
Peu s'en faut que ne me courrouce.

A peine a-t-il repris ses sens, qu'il se tâte, s'inquiète & cherche
sa bourse.

Et Dieu! Seigneur, où est ma bourse?
Qui donc a ma bourse volée?
Eh! M'amie, ma tendre rosée,
Rendez ma bourse, je vous prie.

LA FEMME.

Il est entré dans sa folie;
Dieu sait quel maintien il tiendra!

CALBAIN.

Je t'en donnerai une en drap,
Vraiment, & de plus une cotte.
Sais-tu que tu n'es pas trop sotte?
Ç'a été quand tu m'as couvert?

LA FEMME.

Chanté. *Un ruban vert, tout vert, tout vert,*
Un ruban vert qu'il me donna.

34

JE L'AI! JE VOUS TIENS, MA GALANTE!

3.

[S. 74]

CALBAIN.

CALBAIN, à part.

Maudit Calbain qui ne bailla
A sa femme une robe grise,
Car elle n'eut point la main mise
Sur sa bourse pour la voler!

A Colette, tendre & suppliant.

Mais, m'amie, pour abréger,
Rendez ma bourse, m'amiette.

LA FEMME.

Chanté. *En cueillant la violette,*
Mes agneaux y sont demeurés.

CALBAIN, à part.

Tous mes désirs seront leurrés,
Colette me berne & j'enrage.

LA FEMME.

Chanté. *Un épervier venant du vert bocage :*
Il est joli & de noble façon.
Si je le puis tenir pour mettre en cage,
J'irai voler le temps & la saison.

J'irai voler si très parfaitement
Que les jaloux seront bien ébahis.

37

CALBAIN.

Et, si trouve quelques mauvaises gens,
Je leur dirai que je quiers la perdrix.

Mais je querrai la belle au clair visage,
Celle qui tient mon cœur en sa prison.
A la servir je mets cœur & courage;
Par mon serment, j'ai bien droit & raison.

CALBAIN.

Que n'ai-je donné sans façon
La robe? Écoutez-moi, chérie.

LA FEMME.

Chanté. *Sous une aubépine fleurie,*
Il m'est venu le souvenir
D'une fleur plaisante & jolie
Que j'ai tant souhaité tenir.

CALBAIN, s'animant.

Vous voulez railler, sans mentir.
Laißez là votre chanterie.
Violent.

Rendez ma bourse, je vous prie,
Ou bien il y aura bataille.

CALBAIN.

LA FEMME.

Où voulez-vous que je m'en aille?
Jamais je ne vous sus complaire;
Dieu sait que l'on a fort à faire
Pour gouverner cet homme-ci.

CALBAIN, essayant de se lever.

Par Dieu, vous l'avez prise ici.
Le diable y soit, faut-il tout dire?

LA FEMME.

Chanté. *Vous me faites tant rire, rire.*

CALBAIN, se rasseyant.

Parbleu je n'y trouve que rire!
Me veux-tu point rendre ma bourse?
Par saint Jean, si je me courrouce,
Je saurai me la faire rendre.

LA FEMME, dédaigneuse.

Vous ne pensez point d'aller vendre
Vos vieux souliers parmi la ville.
Vraiment, si n'était que je file,

CALBAIN.

Quand je le puis, un tantinet,
Vous mourriez de faim, marmouset.

CALBAIN.

Ha! Ha! n'en aurai-je autre chose?

LA FEMME.

Quand vous vous courroucez, je n'ose
Bien souvent un seul mot vous dire.

CALBAIN, faisant de nouvelles tentatives pour se mettre
& se tenir debout.

Par Dieu, voici qui n'est pas pire
Viens çà. Tandis que je dormais[1],
Puisque tu fais tant la rusée,
M'as-tu pas ôté ma monnaie?
Regardez donc cette effrontée!
Répondras-tu, hein, béquerelle?

LA FEMME.

Chanté. *Av'ous point vu la péronelle*
Que les gendarmes ont emmené?
Ils l'ont habillée comme un page,
C'est pour passer le Dauphiné.

CALBAIN.

Elle avait trois mignons de frères
Qui la sont aller pourchaßer.
Tant l'ont cherché & l'ont trouvé
À la fontaine d'un vert pré.

« Et Dieu vous gard la péronelle !
Vous en voulez point retourner ? »
— « Et nenni vraiment, mes beaux frères,
Jamais en France rentrerai.

Me recommandez à mon père...

CALBAIN, se levant, mais encore aviné.

C'eſt convenu, même à ta mère...
Vraiment, je suis bien arrivé.
Parbleu, je vous trouſerai bien !

LA FEMME.

Chanté. *Maudit soit le petit chien*
Qui aboie, aboie, aboie,
Qui aboie & ne voit rien.

CALBAIN, menaçant d'une main, tandis que de l'autre
il s'appuie à la table.

Je vois qu'il me faut courroucer;

41

CALBAIN.

D'une voix rauque.

Je m'en vais de coups t'aſſommer!
Par la chair bleue, vieille damnée,
Je sais que tu me l'as ôtée,
Ma bourse; j'en ai belle lettre.

LA FEMME, faisant la nique à Calbain.

Chanté. *Si me touchez, vous ferai mettre*
A la prison du château,
Nique, nique, noque,
A la prison du château,
Nique, nique, noque,
A la prison du château,
Nique, noqueau.

CALBAIN, à peu près dégrisé.

Saint Jean, me voilà bien & beau!
Tu sais qu'il me faut acheter
Des souliers. Faut-il tant prêcher?
Rends & prends garde si tu tardes.

LA FEMME, sur un ton ironique & belliqueux.

Chanté. *Ruez faucons, ruez bombardes,*
Serpentines & gros canons,

CALBAIN.

Et montez sus chevaux & bardes[1];
Sonnez trompettes & clairons
Afin que butin gagnions
Et que puißions bon bruit acquerre
Entre nous. Gentils compagnons
Suivons la guerre, suivons la guerre.

CALBAIN, furieux.

Le grand diable y puiße avoir part!

LA FEMME.

Cherchez votre bourse autre part.

CALBAIN.

Rendez, vitement, dépêchez.

LA FEMME, levant les épaules.

Cet homme-ci fait des péchés
Aßez pour confondre un chrétien.

CALBAIN.

Je vais te battre comme un chien,
Si vitement ne rends la bourse.

CALBAÏN.

LA FEMME, à part.

Merci! Par Dieu, je me courrouce.
Que diable est-ce donc qu'il vous faut?

CALBAIN.

Vous en aurez tout de plein saut.
Rendez ma bourse, vitement.

Il lève la main pour battre sa femme; mais elle esquive le coup, fait le tour de la chambre en disposant des obstacles pour retarder la poursuite & passe lestement sous la table qui lui sert de barrière. Calbain l'imite gauchement & la poursuite recommence. Colette, sur le point d'être atteinte, jette un escabeau entre les pieds de la table, puis la franchit. Calbain s'élance à son tour, trébuche & tombe tout de son long[1].

LA FEMME, ramassant la nappe qui a glissé à terre & la jetant à la tête de Calbain tout en riant aux éclats & en criant à tue-tête.

Au meurtre! Tu m'as méchamment
Meurtrie, affreux tonneau pansu.

CALBAIN, se relevant.

Serai-je donc toujours déçu
De cette vieille béquerelle?
C'est la plus vilaine femelle
Que je vis onques de l'année.

44

CALBAIN.

Mais par ma foi, vieille damnée,
Je montrerai que je suis maître!
Volontiers, tu me ferais paître.
C'en eſt trop.

LA FEMME.

      Par le jour qui luit,
Plus ne coucherai dans ton lit.
Voyons, jamais te fis-je tort?
Penses-tu que c'eſt beau rapport
Que tu m'appelles larronneſſe?
Je fais à Dieu vœu & promeſſe
Que je t'abandonne à jamais.

              Elle se dirige vers la porte.

CALBAIN, se précipitant pour la retenir.

Hé taisez-vous, m'amie. Paix, paix!
Je connais bien que c'eſt ma faute,
Mais j'ai la tête un peu trop chaude[1].
Acceptez mes conditions,
Sans plus de conteſtations.
Qui l'a donc? Vous ne l'avez pas.
Mais, quand je regarde à mon cas,

CALBAIN.

Où la pourrais-je avoir bien mise?

A part.

Elle l'a. Non. Elle l'a prise?
Au fait, elle l'eût reconnu.
Le cas restera mal connu.

Haut, d'un air dégagé.

Au diable puiſse aller la bourse!

Colette sentant la partie gagnée, ramasse la nappe, met les
meubles en ordre, défripe ses jupes, tandis que Calbain
s'interroge à part lui.

Mais pourquoi la prendre? Pour ce
Elle ne l'a prise. Si a?
Non a? Si a? Non a? Si a?
Mais que diable pourrai-je faire?
Je ne sais, pour le bien parfaire.
Que je sois envers Dieu infâme,
Si jamais je me fie à femme,
Car ce n'est qu'altercation.
Or pour toute conclusion,
Tel trompe au loin qui est trompé;
Trompeur de trompeurs est trompé.
Trompant, trompettez au trompé:
«L'homme est trompé.»

46

CALBAIN.

Il prend Colette par la main & s'adressant au public.

Adieu Meßieurs, adieu Mesdames,
Excusez trompeurs & leurs femmes.

FINIS.

Cy finiſt la Farce de Calbain, nouvellement
imprimée à Lyon, en la maison de feu Bar-
nabé Chauſſard, près Noſtre-Dame de Con-
fort, en 1548, & plus récemment à Paris,
par l'Imprimerie nationale, en 1907.
Héliotypies de FORTIER & MAROTTE.

NOTES.

1. Page 1. Le texte de la farce du Savetier Calbain a été publié par Viollet-le-Duc, *Ancien Théâtre français,* t. II, p. 140, & par E. Fournier, *Théâtre français avant la Renaiſance.*

1. Page ix. L'on signalera notamment l'*e* muet qui s'élide souvent à la césure, alors même qu'il est suivi d'une consonne.

1. Page 1. *Servant* = amoureux, amant.

1. Page 2. *Face* dans le texte.

1. Page 4. Vers suppléé. Dans le texte de la chanson, il n'y a pas de vers rimant avec *nouvelles.*

1. Page 6. Nom d'une fourrure.

2. Page 6. Il s'agit encore d'une fourrure.

1. Page 7. *Baſtons* = armes.

1. Page 11. *Seignour* dans le texte.

1. Page 16. *Danger* dans le sens de refus, résistance.

1. Page 24. *Ruſtres* = vigoureux.

2. Page 24. *Gorgias* = élégants, fastueux.

1. Page 25. *Veaulx* dans le texte.

1. Page 26. Vers suppléé. Il manque dans le texte.

1. Page 28. *Boire* rime avec *ancoire* dans le texte.

1. Page 30. Vers suppléé. Il manque dans le texte.

2. Page 30. *Bouère,* dans le texte, rime avec *chère.*

1. Page 33. Lacune du texte.

2. Page 33. *Galande,* dans le texte, rime avec *pende.*

NOTES.

1. Page 34. Vers suppléé. Il manque dans le texte.

1. Page 40. *Dormoie* dans le texte.

1. Page 43. *Bardes* = chevaux de somme ou selles de combat.

1. Page 44. Ce jeu de scène n'est pas formellement indiqué dans le texte. Mais il résulte des paroles prononcées par Calbain & par Colette &, de plus, il rentre dans la catégorie de la mimique un peu grosse que comportaient les farces.

1. Page 45. *Chaulde,* dans le texte, rime avec *faulte.*

RENSEIGNEMENTS
RELATIFS À LA MUSIQUE.

Page 3. Landerindine... *Chansons du xve siècle publiées d'après le manuscrit de la Bibliothèque de Paris*, par G. Paris. Didot, 1875. Chanson n° 104.

Page 4. Hélas Olivier... G. Paris, n° 56.

Page 5. Lourdeau, lourdeau... G. Paris, n° 71.

Page 5. Dame Vénus... G. Paris, n° 84.

Page 6. Allégez-moi... *Catalogue Rothschild,* manuscrit n° 411, fol. 1, 70. Cette chanson est dans le texte.

Page 7. Réveillez-vous... G. Paris, n° 138.

Page 8. Puisque Robin... G. Paris, n° 1.

Page 8. Bergerotte savoisienne... G. Paris, n° 12. Cette chanson, avec de très légères variantes, est dans le texte.

Page 9. Nous étions trois... G. Paris, n° 117.

Page 9. Avec la tourloura... Lemeignen, *Vieux Noëls,* III, 41.

Page 10. Mon père & ma mère... G. Paris, n° 5.

Page 10. Gentils galants... G. Paris, n° 125.

Page 11. J'ai vu la beauté... G. Paris, n° 64.

Page 12. Trique devant... G. Paris, n° 134. Cette chanson est dans le texte.

Page 12. Paix, paix... (La musique n'a pu être retrouvée.)

Page 12. Ma femme sans cesser agace... (La musique n'a pu être retrouvée.)

Page 15. Et puis que dit-on... (La musique n'a pu être retrouvée.)

RENSEIGNEMENTS RELATIFS A LA MUSIQUE.

Page 16. Vivrai-je toujours en souci... On trouve les paroles dans la *Fleur des Chansons* réimprimée dans le recueil des *Joyeusetez*, p. 17 (trois couplets de dix vers), & une mélodie de Claudin, à quatre parties, dans les *Trente-sept chansons* publiées par Attaignant, 1531, fol. 5.

Page 16. Aimez-moi... G. Paris, nº 81.

Page 19. En baisant m'amie... G. Paris, nº 142.

Page 23. Moi qui suis... G. Paris, nº 119.

Page 24. En venant de Lyon... G. Paris, nº 88.

Page 25. Je suis Allemande... G. Paris, nº 22. Cette chanson est dans le texte.

Page 25. Une semelle de cuir vaut... G. Paris, nº 20. Cette chanson est dans le texte.

Page 29. Si vous demeurez... G. Paris, nº 36.

Page 34. Un ruban vert... G. Paris, nº 31. Cette chanson est dans le texte.

Page 37. En cueillant la violette... G. Paris, nº 7. Cette chanson est dans le texte.

Page 37. Un épervier venant... G. Paris, nº 45.

Page 38. Sous une aubépine... G. Paris, nº 44.

Page 39. Vous me faites tant rire... G. Paris, nº 133. Cette chanson est dans le texte.

Page 40. Av'ous point vu... G. Paris, nº 39.

Page 41. Maudit soit le petit chien... *Chansons nouvelles en lengaige provensal,* v. 1530. Voir *Catalogue Rothschild,* I, nº 1021. Cette chanson est dans le texte.

Page 42. Si me touchez... G. Paris, nº 132. Cette chanson est dans le texte.

Page 42. Ruez faucons... G. Paris, nº 128.

TABLE DES GRAVURES.

TABLE DES MATIÈRES.

www.ingramcontent.com/pod-product-compliance
Lightning Source LLC
Chambersburg PA
CBHW060642100426
42744CB00008B/1734